平凡的日子：

廢柴人妻新婚萬歲

平凡的日子：

廢柴人妻新婚萬歲

1

Nanda

目錄

我的名字是Nanda。

◇工作：畫畫、畫漫畫
◇喜歡：蛋糕、購物
◇討厭：試味道的男人、怕生的男人
◇口頭禪：老闆娘，這個可以退貨嗎？

〈未婚Nanda〉

27歲某一天，

現在這個……

大家好，
我是30歲的
Nanda。

〈有夫之婦 Nanda〉

◇ 工作：畫畫、畫漫畫

◇ 喜歡：不銹鋼27型、炸物濾油網

◇ 討厭：半乾的衣服

◇ 口頭禪：不想煮飯、懷孕了嗎。

好正！

這是「廢柴
人妻」的平
凡生活…

啊，大仁哥～
你要詐！！

大仁哥，
真的
～!!

家庭主婦的哲學話題

放了最大的一罐…

到底去了哪兒

那麼多的鮪魚

鮪魚泡菜鍋

分類

啥啊，到底是塑膠還是紙類呀

啊，該怎麼辦

瓶蓋是塑膠

← 紙

動作

呀！趕快開門門！

水滴下來了！

奔跑

討食

諸如此類，瑣碎又無用的趣事（？）

2010年的新年目標除了有「變得性感」和「改變睡眠習慣」之外，
也下定決心不要再隨便發表「某某宣言」&「說大話」。

我只要覺得很讚並且發表宣言的話，就會有厄運來臨。

很抱歉，鮮蝦米堡停止販售了。

欸?!

我最喜歡的漢堡絕種了

20歲韓先

繼BBQ漢堡消失後最大的衝擊...

這是二次打擊

吃別的就好，幹嘛出來?

來這裡的路上，我的身體已經設定為鮮蝦米堡專用了，我該怎麼辦!

這是唯一一個，能讓我表達對他們的憤怒的方法!!

......

剛開始愛上基本繪圖作業的時候，非常的自傲，
甚至連「正事」都不做了！

正事=睡覺

即使是快要看完的書，一旦開始宣傳它的有趣，
就再也看不完了。

不久之前，在上廁所時因為嚴重側腰痛而痛到站不起來……

上網google後，確認是尿結石。

但，X光片檢查結果沒有任何異常。

總而言之，今年開始游泳的時候，
就下定決心不告訴任何人了。

因為夫妻是一體的。

到了游泳第一天……

有趣!有趣!

泳池的味道也莫名地很棒！

結果……

到目前為止
去了兩次。

怎麼了......

不是吧...

☆ 完 ☆

若不宣傳
這麼美麗又
有用的運動，
就是罪過。

合理化之神...

雖然想這麼說，

我也每年享受當王的樂趣，所以無法反駁。

不久前是韓先的生日。

The 生日王韓先

但是同一天有另一個王在回家的路上……

每個人都
一直指揮
我做事…

首爾站

油漬味
氣呼呼

拜拜
食物

泡菜

剛剛去婆家幫忙祭拜回來——

The
祭拜王
Nanda

← 下班後
出來迎接

辛苦了～
辛苦了～

24

雙王碰頭

我那天一整天都在睡覺！

韓先離家出走。

〈凌晨兩點奔跑記〉

生日王 勝

〈韓先的生日習俗〉

韓先生日當天,除了海帶湯與生日禮物之外,
每年我還會做「生日優待券」給他。

今年給了他以下種種共12張的優待券。

傾聽20分鐘的
洗耳恭聽券

洗從此券拿出的那一刻起,認
真傾聽20分鐘的電玩故事

拒絕打掃
強力優待券

洗不管任何種類的打掃工作,
都可以拒絕一次

拒絕洗碗
優待券

洗使用此券可以拒絕一次
洗碗的要求

瞎拼券一回

洗可以購買一次一萬元以下
的物品
洗一個月只能使用一次

拒絕嘮叨
優待券

洗今天Nanda的話特別多吧?
用這張券讓她一次Shut up

特殊免責優待券

洗不管犯了什麼錯或壞習慣
萌起來,都不需要負責任

約定好了要做韓式雜燴冬粉當作生日大餐的一部分。

嘩啦啦

呼～

妳應該要
看看那個。

馬桶裡面
大便比水多。

買了洗碗機。

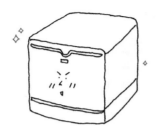

洗碗機是廚房家電中，好惡涇渭分明的一種。

贊成派

因為大部分都是由男人負責洗碗，對洗碗機感興趣的男人很多。

反對派

不怎麼喜歡機器的挑剔主婦。

其實我是屬於反對派的，但是……

默默地變成了贊成派⋯⋯

〈 購買過程 〉

其實比較想買售後服務優秀的大廠產品，但是⋯⋯

煩惱到最後，選定了一個（最便宜的）設計簡潔、中小企業的產品。

然而……

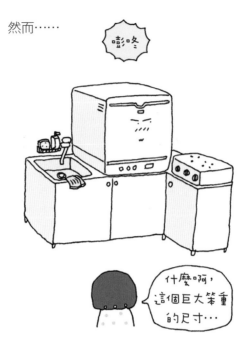

快遞送來的洗碗機有一個小冰箱那麼大。

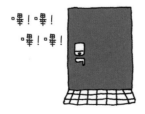

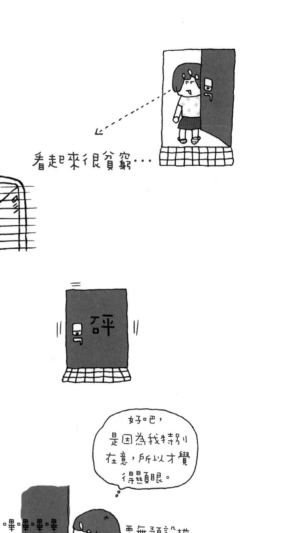

看起來很貧窮⋯

砰

好吧，
是因為我特別
在意，所以才覺
得顯眼。

嗶嗶嗶嗶

要無預設地
感受一下家裡的第一印象。
無預設地⋯

好吧，我是來這家清潔更換淨水器、
完全不知道這家裡面有什麼的打掃歐巴桑⋯⋯

什麼呀這個...

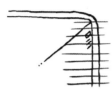

...

媽，我們家很窮嗎？

...

不過功能真的很棒。

喔喔!
真的
洗好
碗了!

嗯!嗯!
熱呼呼的!

新產品體驗

✧ 完 ✧

世界發展日新月異,
為什麼挖耳朵一事還是跟三十年前一樣?

因為我們是老夫老妻嘛。

睡覺之前的對話時間 #1.

評評
很帶勁

袞袞

每天就只玩遊戲···
我們最近都沒有
好好說話。

平凡的日子

睡覺之前的對話時間 #2.

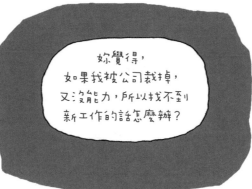

啪

傻瓜～
你不知道自己的能耐嘛。
我們韓先是絕對
不會發生這種事的！

拍
拍

我相信你。

不合格的安慰。

✧ 完 ✧

韓先是熱血遊戲玩家。

監修：

人生所做的第一件壞事，
就是偷了社區哥哥的遊戲機。

人生最傷心的回憶是，
爸爸買了Play Station給自己，
醒來才知不過夢一場。

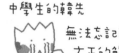

〈 電玩宅宅的生涯 〉

如此長大的他，
目前是30歲的遊戲開發師。

即使不打掃家裡也要像貴重物品一樣照顧遊戲機

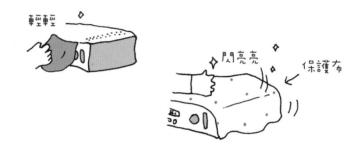

遊戲機發生問題的話，就像要死了一樣地痛苦。

※閃紅光：表示XBOX遊戲機出現嚴重問題

「限定版」這個單字會讓心臟收縮，
新遊戲預定販賣當日，比去大企業應徵面試的求職者
更加虔誠焦躁地等待開賣時刻。
偶爾也為了贏得戰爭，毫不猶豫地使出卑劣手段，
這就是遊戲玩家。

對於遊戲只知道大富翁與五子棋的我，
因為成了電玩宅宅的戀人而經過了數年的鍛鍊。

〈 2002年 釜山 〉

經過影島大橋時聽到的太空戰士（Final Fantasy）歷史。

〈2004年〉

〈2006年〉

戰爭機器
(Gears of War) →

〈然後2007年〉

成為電玩宅宅的妻子之後也是。

在說什麼鬼話?
性能當然是一樣的。

不然的話,
平衡會被打破。
笨蛋。

那…
只是黃金色而已
嗎?

這有什麼
好值得驕傲的呢?

妳不懂重點在哪。

問過這種愚蠢的問題。

妳…
現在…

假如我用腳關遊戲機,

或是踩到遊戲機的電線，

就要聽上半天的嘮叨。

然而某天，

我丟出了一句話，能讓哭泣中的韓先馬上停止哭泣。

十餘年間歷經了電玩宅宅的朋友、戀人、妻子等身分……

在韓先的強迫下碰過不少遊戲，
但從來沒有玩超過三十分鐘。

韓先說，那時候雖然生氣卻也很感動。

熱血電玩宅宅的人生，還有他老婆的人生。

所以主角就抓了皮卡丘…

滑り

呀，妳的內衣帶子露出來了。調一下

頹廢美。

說啥…

告知他什麼是「美麗」的話，老公會生氣。

上網的時候眺望空曠處，老公會生氣。

Full覺：
睡了20個小時以上。

為了成為早起型的人而努力，老公會生氣。

呼～

平凡的日子

65

我好像本能性的了解要怎麼誘惑男人喔～

唔！

韓先瞬間老了三歲。

Nanda的眼力下降三分。

口公口公
羽 羽

口公口公
羽 羽

口公口公
羽 羽

口公口公
羽 羽

那是什麼

散發費洛蒙的話，老公會生氣。

健康檢查出慢性疲勞的話，老公會生氣。

生病的話，老公會生氣。

老公真奇怪。

✧ 完 ✧

兔子君也生氣。

兔子君也很奇怪。

在首爾工作的弟弟——兔子君

非常關心時尚&美容。

對時尚&美容非常關心的弟弟——兔子君

大概只會客氣推辭一次的男人。

對時尚&美容十分關心、住在附近的弟弟來我家玩。

跟朋友聊這個的話會被認為是瘋子的⋯⋯

☆ 完 ☆

兔子君的

絕不誇張

美容重點

〈 男子的基礎皮膚保養法 〉

重點是這個:
盡情地保養卻
不被發現。

美容諮詢

就像是天鵝藏在水
裡的腳蹼一樣。

但是因為有個以家人為素材
畫漫畫的傢伙,所以我的腳蹼
被迫公開給全世界了…

嘿嘿

 乾淨地 清爽地 有自信地

✦ 兔子君基礎皮膚保養 **3 Step** ✦

1. 洗臉

愛用品為
便宜的可
伶可俐

出門在外灰塵會堆積
在皮膚上,回到家後
要用洗臉產品在臉上
仔細按摩揉擦,再用
溫水沖洗乾淨。

3. 保濕

使用姐姐推薦的「舒特
膚(Cetaphil)」無色無
味、低刺激性的乳液。

擦再多也不會
長粉刺喔

2. 刮鬍子+鎮靜

男人的皮膚在
刮鬍子之際會
受到最多的
刺激。

小心地刮完鬍子
後,使用具有鎮靜
效果的刮鬍水啪
啪擦在臉上。 tip:因為沒有化妝,
所以不需要卸妝
或洗兩次臉。

完

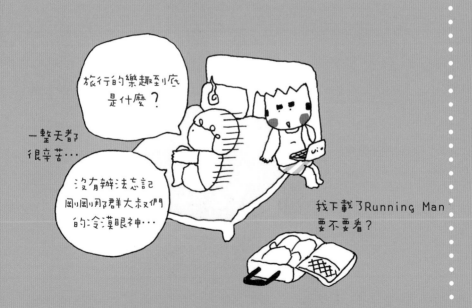

曾經，我稱呼自己的人生為「Local人生」，
並對劃地自限一事自得其樂。

〈行動半徑1〉

〈行動半徑2〉

在離家100公尺遠的公園內觀看槌球為樂的四年前。

雖然偶爾也會有像別人一樣去自助旅行、
或是為了美食而遠行的想法，

挑戰意志Zero，反抗意志Zero。

沒錯。大部分的事物我只要間接體驗就滿足了，
是因為胃口小而悲傷的動物。

然而某一天，
我和另一個Local人韓先，決定要去國外旅行。
第一次在沒有領隊的狀況下，選擇旅遊的目的地。

喔，看看這個，韓先～

好讚啊

巴黎～

對阿，對阿。

高高興興按按

〈第二天〉

我已經對巴黎感到厭倦了。就去日本吧！

啥？

熬夜鑽研了30個有關巴黎旅行的部落格。

間接旅遊體驗值全滿。

兩個宅男宅女就此展開了日本旅行記。

〈旅行第一天〉

第一天決定去吃旅館附近便宜又有名的壽司店。

真的到了壽司店，卻因為太累了而沒辦法享受食物。

再加上不知道為什麼老是被誤認為中國人，

過小巷的時候差點出車禍，

從旅行的第一天就籠罩在懷疑之中。

但是第二天，在蒸籠般炎熱的京都，我們同時領悟了。

旅行……
旅行的樂趣……

是——

適當的時間、適當的飲食，
這就是幸福。

那天傍晚回旅館的路上，
韓先不知道為什麼決定要買啤酒回去喝。

很遲才終於稍微了解到成人樂趣的30歲韓先。

9# 菜鳥旅行了

延續第8話
的故事。

離開了第一個城市大阪，前往度假勝地——沖繩。

我非常地興奮。

鈴鈴鈴

哦

沖繩

飛機一起飛就開始
揮手的工程師(?)。

掰掰!
掰掰!

嘿嘿

你為啥從
剛剛開始就一直
陰沉沉的?

看到妳
那麼興奮就
莫名地火大。

說什麼

雖然決定盡量不要太強人所難，

但是找路這件事仍然是最大的壓力來源。

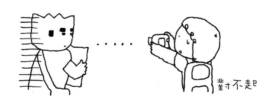

韓先找路找到神經緊繃，
所以到了沖繩就決定由我來找路。

往這走吧？

〈沖繩的海邊〉

再一次再一次！

海草 →

呼！

站起來

啪啪

阿

咚

在海裡游泳
本來就很辛苦…

色彩鮮明，
拍得很好呢。

就在游泳失敗的狀況下，最後到了東京。

這次的旅行之中，除了享用美食的樂趣之外，再選一件樂事的話——

雖然不是什麼了不起的事情，但嘗試著從未做過的事，

互相稱讚，

我們真的很聰明！！

「自吹自擂」就是這樣。

✧ 完 ✧

我覺得從此以後和你一起，什麼難關都克服得了。

老實說，我們到目前為止，也沒有並過什麼人生中的難關。

我有耶。

什麼？

妳。

妳是我人生的最終大魔王。

透過照片觀覽
日本旅行記

除了遊戲之外，從來沒說過想要做什麼的韓先，有段時間跟隨流行在網路上不斷看著「美麗海水族館」的影片，還說：「真想去沖繩的美麗海水族館看看！」因此緊急展開了這段旅行。上班族的韓先好不容易擠出了假期，就在六日內完成了〈大阪─沖繩─東京〉行程滿滿的日本旅行。

「在一個偶然的機會，往著不知名的某處說走就走」是我個人對旅行一事的浪漫幻想，但這種浪漫是忽略我本性的一種空虛幻想。旅行一周前要製作好完美旅遊手冊，背包和行李箱要塞得滿滿的，四台相機要充飽電，遮蔽紫外線的BB霜與遮瑕膏等全套裝備也要帶齊。再加上我是個連去社區新開的店家都會興奮地打電話告訴韓先的女人，這樣的女人卻對獨自旅行抱有浪漫情懷，實在感到不好意思。

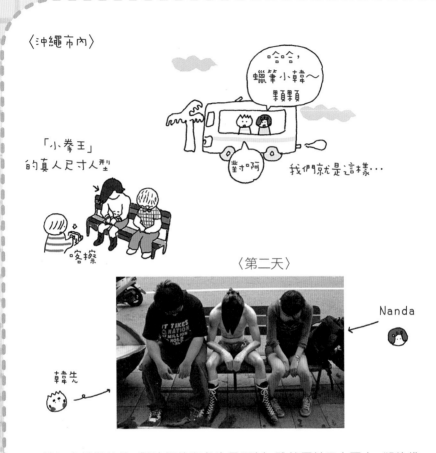

〈沖繩市內〉

哈哈，蠟筆小韓～噗噗

「小拳王」的真人尺寸人型

喀擦

對才啊

我們就是這樣…

〈第二天〉

Nanda

韓先

　　就如事前期待的，對沖繩的印象也最深刻。雖然屬於日本國土，卻彷彿生活在另一個時空的小型夏日國度。然而才一抵達機場就丟了錢包、濕氣太重造成相機等電子產品頻頻當機、看不到人影的巴士終點站從某處傳來了咚咚的樂器聲……好像來到了一個很奇特又美麗的鬼怪世界一樣。

　　到了遙遠又遙遠的沖繩北部，參觀了韓先念念不忘的水族館後，即使隔天還有東京行程，內心深處卻早已為此次旅行畫下了句點。

　　回到首爾後才發現，自己愛上了夏天──這個曾覺得該在地球上消失的季節。

〈在日本學習啤酒味道的韓先〉

呀～
這就是幸福，
還有什麼是
幸福～

疲勞一掃而空。

你根本不懂
啤酒的滋味

拿嗎腳畢魯福它里
（生啤酒兩杯）。

說得最順的日語第一名。
（第二名是「可以刷卡嗎？」）

爽快的啤酒回憶！

呀

...

　　旅行第一天晚上的**啤酒**與**烤蟹腳**。即使為了尋找壽司店而在市場徘徊，也無法遺忘對螃蟹香味的迷戀，因而買回來的。螃蟹店附贈了螃蟹頭飾，不知為何就強烈的覺得必須要戴在頭上來吃螃蟹，戴上後果然覺得特別興奮！

...

　　看起來像是焦糖花生口味的**日本餅乾**，以及似乎是沖繩出產的Orion**啤酒**，旅程中到處都看得到Orion啤酒工廠。

往沖繩出發、離開大阪前於機場購買的**起士蛋糕**，是被漂亮的外型吸引而買的，吃了才發現蛋糕會在舌頭上面融化！到達沖繩之前就全部吃光光了。

也許下廚的男人之所以被認為很帥氣，是因為操縱火焰的男人還殘留著某種讓人感到魅力的原始本能。操縱火焰的男人所做的**日式炒麵**，雖然看起來白白的沒什麼顏色，卻挺有味也很好吃。吃了一口後，以國籍不明的語言「Asahi那馬畢魯One, please.」點酒。韓先則溫馴地吃著**日式拉麵**。

東京非常地寬闊。為了尋找餐廳差點累死，最後去了家外型平凡、好像在電視上看過的日式料理店。雖然因為現在日本餐廳到處可見而沒有太多的感觸，但味道是真的還不錯。右邊照片內的是同一家餐廳的**漢堡牛排餐**。

想要像日劇「午餐女王」一樣吃蛋包飯，只要一有空閒就會到處尋找，終於在旅行的最後一天晚上戲劇性地遇上了「**女王蛋包飯**」。雖然味道很普通，但心情就像晚餐的女王一樣。

完

第三話

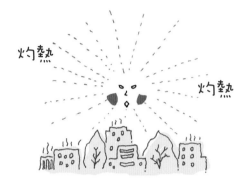

灼熱　　　　　灼熱

咕嚕...

咕

滾滾滾

搖晃
搖晃
亨亨亨

噹

找死嗎
這個人···
轉轉轉轉轉

亨亨亨亨
搖晃搖晃

無慾望指數 **UP UP**

不爽指數 **UP UP**

妳知道嘛，

如果妳
忽然在家裡
猝死的話···

又想到什麼···

我好像不會通知任何人，
也沒辦法做任何事，
過了很多天都還是只能
呆呆地看著妳的屍體。

妳呢？

我······

腐敗指數 **UP UP**

 完

朋友傳授我訓練老公的方法。

〈平常的我1〉

〈平常的我2〉

當天晚上

幾天後……

嘩 啦 啦

我去
上班囉！

這懶女人呀～

8:30

嗯？

喵～
今天不要去上
班～跟我玩
啦！嗯？

又亂
撒嬌。

我去賺很多
錢回來喔。

嗯，賺很多很多喔～

要買得起
出版社給我

雖然我們住在一起，
但是韓先不知道在家的我是怎樣，
我也不知道在公司的韓先是怎樣的。

韓先剛進公司的時候，
我有一次幫忙送文件到他公司。

正好是午餐時間，以為韓先會找我一起吃飯。

第一次看到那麼冷漠的韓先，
感到不安而在回去的路上哭了。

嗚…
嗚嗚…

雖然十分鐘後韓先就跑來找我……

真的對不起，
我也不知道我為
什麼會這樣～

可能是因為公司同事都在旁邊
看著，太緊張了所以這樣～

算了，
我們分手吧…

不要這樣，
別生氣了，嗯？
只要妳不生氣，
我什麼都
答應妳～

妳說說，要我
做什麼。我要
做什麼才能讓
妳氣消呢？

← 在午餐時間結束前一定要解決此事，
所以很急迫。

經濟大權被奪走之韓先的黑暗歷史。

嘩 啦 啦

雖然我愛韓先，

已經是韓先的
老婆了，無法
回頭了…

雖然早已明白

喂，公公

對～
有沒有好好照
顧我兒子啊？

當然有啊～

我把他
照顧得像大王
一樣呢～

嗯，
做得好，
辛苦了～

但偶爾會意識到「我的人生若沒有了韓先，也無法重來」這件事，因而感到憂鬱。

假如五十歲的時候變成單身，
我能夠再重新談一次戀愛嗎？

這樣憂鬱的日子，我會在中午吃個豪華大餐，

↑
主要是吃豆皮湯麵

或者去電影院，

←平日的社區電影院

播映機大叔和我
Just Two Of Us.

做了韓先不知道的事情，然後平靜地返家。

如此，對於自己所不知道的韓先，也不再感到那麼寂寞了。

．．．．．．

數秒後──

✧ 完 ✧

13# 秋天來臨的話

我對秋天的感受特別深刻。

冷颼颼…

想要穿著
連身洋裝去約會。

妳春天
也是這樣吧。

嗯，冬天也是…

Anyway

啊…
今天臉色
怎麼這樣…

被秋風一吹，
我的皮膚色澤
就會變得暗沉

到兔子君公司
附近來玩。
↓

偷瞄

偷…

啊，
幹嘛？

姐姐今天的
皮膚色澤…

知道，
我知道！

眼神銳利的傢伙

因為心情憂鬱而打算
在外表做些變化。

因為頭髮只捲了一半所以老公生氣了。

能夠消除如此空虛感的方法只有一個。

那就是──

但是，我知道自己會亂花錢，
所以每次一有錢就趕快存起來。

兩家中秋節基金 —— 生日1

公公生辰禮金 —— 生日2

婚宴紅包1　　初生兒禮物三名

這全都是本月內會發生的事情…

那樣的話

·
·
·
·

購物慾和秋天的冷颼感一起降溫……

在超市大致
解決了購物慾

呃…？

也有值得安慰的事情發生。

鯛魚燒開賣！！

大嬸妳那個鯛魚燒
在哪買的？
告訴我

雖然去年說過這種大話——

甚至變得超級樂觀。

但其實在我心深處，是因為生日還沒過，
所以把憂鬱趕到角落藏起來而已。

〈生日前一個小時〉

封印解除

在30歲生日前一個小時甚至有了生理痛症候群，
如此的我真的是他X的他X的他X的憂鬱。

※抱歉用詞不雅

傻瓜，幹嘛憂鬱～

雖然30歲了，
但今年的夢想都
成真了不是嗎？

30歲做到這樣
就很不錯了吧。

我只是
覺得時間
很可怕…

如今才深深地了解到我的人生真的存在著所謂的三十歲。

那麼四十歲和五十歲也是真的真的存在吧。

我還是個孩子。

三十歲的話，大家都會把我看做成熟的大人，好可怕。

大家又都討厭不成熟的大人。

為什麼這樣

然後韓先也憂鬱了……

我老婆　　　才不會那麼遜…

韓先說他努力存下零用錢，
打算買個名牌包包做我的生日禮物。

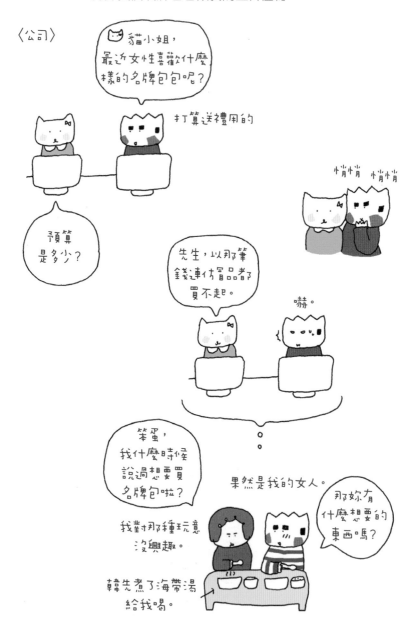

〈公司〉

貓小姐，
最近女性喜歡什麼
樣的名牌包包呢？

打算送禮用的

悄悄 悄悄

預算
是多少？

先生，以那筆
錢連仿冒品都
買不起。

嚇。

笨蛋，
我什麼時候
說過想要買
名牌包啦？

我對那種玩意
沒興趣。

果然是我的女人。

那妳有
什麼想要的
東西嗎？

韓先煮了海帶湯
給我喝。

雖然生日最開心的是能收到禮物，

但我想要的東西都是非現實的，
或者是用錢解決不了的。

生日那天兔子君正好放假，就約好了一起去選生日禮物。

但卻抱著更憂鬱的心情回家⋯⋯

然後當天晚上，

我的歇斯底里到達了頂點。

正式地邁入了三十歲。

雖然沒有逆轉的幸福，
也無法盛大地祝福與
二十歲年代的離別⋯⋯

正好結婚
滿三年之

Nanda的

◇◇ 生活重點 ◇◇

〈製作萬能高湯〉

雖然懶惰
但還是想要兼顧健康
的Nanda，在煮湯的
時候不放人工調味料，
而是用各種材料
熬煮高湯使用。

為了「就是這個味」
而調整了許久，最後
終於做出了閃亮亮的
高湯！在此告訴大家
我所使用的材料。

基本三劍客：

乾燥鯷魚一把　　乾燥蝦子一把

10cm ← →10cm

昆布 → 會產生不傷害身體
的「自然味精」。

+

有的話更好：

香菇　　蔥根　　洋蔥　　辣椒 (讓高湯變得
　　　　　　　　　　　　　　稍微辣辣的)

在水中加入可以煮2～3次的份量，
不斷滾到材料都褪色，味道進入湯內，
無論蒸蛋或是煮湯都可以搭配的
萬能高湯完成了！

剩下的高湯在放涼了之後，裝到瓶子內，
感到三分鐘左右的心滿意足。

之後會被遺忘在冰箱的角落。

得做些什麼
來吃才對…

完

15# 不想去

不會和韓先一起做的事——購物，

還有看表演。

但是常常這樣，根本就沒有下次。

然後

那是和老婆的最後···
老婆去世之後，韓先帶著充滿後悔
的淚水，決定將自己無法對死去
老婆所做的任何事情，
都做給再婚的老婆···

被別人
指指點點都
不知道···

冷冷···

知道了！
知道了！

討厭外出的男人和容易被說服的女人結婚後，
三年來的周末幾乎都是與炸雞和睡午覺度過的。
終於約好了一起去看連續舉行兩天的音樂祭典。

兩天內可以看到數
十位音樂人的表演。

表演第一天

你知道今天是
之前約好的看
表演日吧？

準備出門吧！

呼！

我有一個妳
無法拒絕的
好建議。

而且反正妳今天想要聽的樂團只有一個，為了一個樂團要帶著草蓆、毯子、相機等沉重的行李，進行包括走路在內來回要花上兩個小時的大移動，還要跟大堆人群擠來擠去，這麼辛苦並不是個值得的選擇吧？

其實妳心底也默默地覺得好累吧？

我很好奇。
人們為什麼會因為想要把自己喜愛的東西展現、
告訴、分享給所愛的人,而焦躁苦惱呢?
到底為什麼會這樣呢?

最後,第一天表演還是沒去成。

我有個
好建議喔～

吵死了，
這次我真的
不會聽你了。

如果今天不去
看表演的話，我在
明年春天前會減掉
10公斤。

‧‧‧‧‧‧

雖然
超吸引人的，
但是成功的
可能性是零‧‧‧

吵死了。

哦。

Nanda Nanda‧‧‧
我肚子餓
睡不著欸？

你再說話的話，
我真的要生氣了。
趕快睡。

結果我在凌晨五點煮了炸豬排蓋飯……

第二天(當然)睡過頭了。

雖然只完成了計劃的一半又一半，

一半的一半也很好。

☆ 完 ☆

周末的韓先變得憂鬱。

平凡的日子

159

就此展開了周末的小旅行。

〈計程車裡面〉

〈悸動的旅行路上〉

愈接近遊戲賣場，韓先就變得愈激動。

那模樣好似
從婆家難得回娘家的女人。

這樣就滿足。

肉食主義者 韓先

炸物人、油膩人、
炸雞人、非標準體型人

只要是油炸物，我什麼都能吃。

炸物濾油網

那麼炸蔬菜。

炸辣椒

即使用炸的，蔬菜還是蔬菜。

你這笨蛋…

為了將他的身體改造成植物性而買了果菜機，
一個月以來每天提供果菜汁。

但不管怎麼灌溉，老公的身體……

還是成為肉食性的植物。

結婚前，唯一受到公婆囑咐的是──

〈重播〉

我不祈求妳賺錢給我或是孝順我。只希望妳能成為一個讓我兒子吃很多蔬菜而且減肥成功的好媳婦。

賺錢還比較容易的樣子⋯

韓先的再~~次~~減肥和改變飲食習慣。

媳婦對不起啊⋯我忙著做生意，沒有改好這傢伙的偏食習慣，還把問題丟給妳⋯

媽，幹嘛哭⋯

我⋯我會努力的，婆婆。

其實在新婚的時候，
我也為了改變韓先的飲食而努力了好一陣子。

瘦子體質的我，連減肥的「減」都不會寫，
卻努力涉獵了——

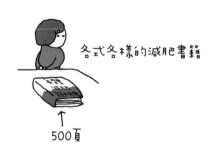

還學會計算卡路里。

為了不動搖韓先的減肥意志，

蜂蜜麻花捲

Mission Complete!

因為偷吃東西而生病了。

妳是吃了什麼
消化不良？

但是不管我多努力，
韓先的手段卻愈來愈高明。

喂。

Nanda～
在哪？
什麼時候回來？

現在正要去和
客戶見面呢！

不是啦···
我一個人在家
好無聊···
也好寂寞···

說過我會晚點回家了。

咕嚕嚕嚕

Z Z Z

Nanda...

幹嘛... 搖搖

搖搖

Nanda Nanda...
我肚子餓欸...

不是有飯...
去吃飯...

搖搖

不要～
妳知道的...

搖搖

嗯？

嗯？

嗯？

嗯？

去叫外送…

謝謝

晚安～！

呀呼

故意在我睡覺的時候來吵

愈來愈高明……

褲子幹嘛穿那麼高？

最後變得非常厚臉皮。

但是有個逆轉勝利的契機，

非常忽然地出現了！

......

被藏起來的兩年份健康診斷書

體重……那麼重了？

我錯了…

我去跳繩…

✧ 完 ✧

戒掉了原本一周吃兩次的炸雞，

我討厭
生菜沙拉。

把它當做
藥吃掉。

做瑜珈，

大樹姿勢

木

← Wii Fit

每天傍晚和老婆出門散步。

Coffee C

這個人一定又熬夜,然後在白天睡大頭覺。

〈預想1〉　〈預想2〉

看美劇

. . . . . .

呼拉圈遊戲

搖晃
搖晃
搖晃
搖晃

好像有什麼
怪怪的…

比起我的預想…
更不想看到這種場景…

怎麼這麼
早來。

阿，那了個

嗶嗶

要擦
BB霜嗎?

不是啦？
我想和姐姐
聊聊天所以
來的！

用這方法套話…

我們不是外人。

是嘛？

……

我看上了
一件皮外套，想用
分期付款買下來。

姐夫的
信用卡借我。

好像有什麼
怪怪的…

……

BB霜
在那個房間
裡吧？

好像有什麼
怪怪的…

201號的男人

常客名單

✧ 完 ✧

收到家庭餐廳優待券。

總之抱著不祥的心情去了餐廳。

離開餐廳的時候覺得很不高興，

甚至產生了罪惡感。

也藉此機會回頭審視了平時的飲食生活。

我們現在也是每分每秒
都用心生活的人了！

〈幾天後的周末〉

有點肚子餓了。
要出去吃什麼
好呢…?

嗯…
要出去吃。

……

我們，
是不是集了蠻
多張的披薩券？

不知道？

打開

折價券抽屜

十！！！

今天吃披薩吧！！

嗯嗯！！

來吃吧！！
來吃吧！！

✧ 完 ✧

用折價券叫的
免費披薩上面都
沒什麼料欸。

沒辦法
嘛。

呃～

正好結婚
滿三年之

Nanda的
生活重點

〈One Point家事〉

今天要在此公開
我花了三年所catch到
的家事重點給各位。

👕 曬衣服One Point

洗好的衣服要啪啪抖開

喇喇地打開來放到
曬衣架上,是能好好
曬乾的重點!

啪啪

喇

🧴 洗碗One Point

吃完飯後,碗盤中的
剩下的食物一定要盡量
倒乾淨再放到
洗碗槽

每次想到就用熱水沖沖

嘩啦

冬天的話兩周,
夏天的話可以
放一周左右

妳這三年
catch到的只
有這樣嗎…

…

 完

沒錯，我是薄臉皮的人。

↓

裝熟、討喜、親切

有段時間，我也以活潑、熱情的態度為目標，
試圖想要改變我的本性，增加我薄薄的臉皮。

從今開始我也
要像青島一樣的
過日子

因此不管去哪，
都要得到一個收獲，也
要拓寬人脈，透過各種
關係得到工作！

踊る大搜查線
跳躍大搜查線

← 青島
外套

青島俊作

從一齣好連續劇得到
奇怪啟發的傢伙…

日劇「大搜查線」的主角。曾經是業績第一的業務員，
當了警察後，以其特有的裝熟技能感動了很多人，並藉此破案無數，
是個爽朗的角色。

今天那個漂亮
小姐沒來呢～

她今天
早退了。

成為自由業之前，
曾經的工作同事們。

平凡的日子

195

失敗了。

又失敗之後，放棄了。

不過在某些時候也變輕鬆的。

然而某天……

欸，那個…

我和韓先常常希望我們社區能有一家便宜的壽司店。

壽…壽司車!!

嗚喔!!!

就像美夢成真一樣，
壽司車來了。

十個鮭魚
壽司外帶

那個…

請問你們是
什麼時候會來
擺攤呢？今天
第一次看到
呢…

好的～
一共300元。

噗通

噗通

內心感到著急的我，

把儲存了三十年的臉皮一次用上，臨場演說了。

大約一個月前，這個位置因為路面狹窄所以經過的人還不多，但自從那邊開了家新的超市，利用前方公車站與步道的人就變多了，如此帶來的人潮效應是顯而易見的。而且我們社區的二三十歲居民眾多…

不知道這生意好嗎

條理

清晰

這樣我們社區居民就能吃到便宜的壽司了！

成功挽留住壽司車

這家壽司車，以後每周都會來！

社區居民都不知道是託了我的福～

喔喔！壽司壽司！

吃吧
吃吧！

不⋯⋯ 好吃⋯

有好幾個月,在壽司車來的那天,
我們都避開它走後面的路⋯⋯

走後面

✧ 完 ✧

大嬸,對不起。

⋯⋯

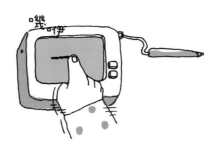

我覺得簽名是件小事。

韓先卻認為是件重要的事。

但是他完全無視我的嘮叨。

然而，隨著時間過去，韓先的創造魂愈燃愈旺。

受到感化而形成了一股次文化潮流。

然後在某個蕭瑟的秋日，於麵包店中——

終於完成了大作。

但不幸的，藝術家的傑作……

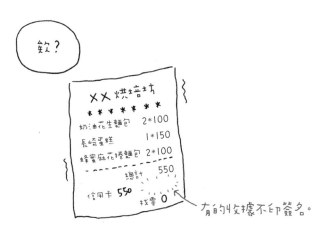

欸？

XX 烘培坊
* * * * * * *
奶油花生麵包   2*100
長崎蛋糕   1*150
蜂蜜麻花捲麵包 2*100

          總計   550

信用卡 550
          找零 0

有的收據不印簽名。

光芒尚未發亮就消失了。

☆　完　☆

XX 烘培坊

從此乖乖地簽名。

22# 腳踏車

從好久以前就想要有一台腳踏車，

感謝搬離首爾的小姑將她的腳踏車留給了我。

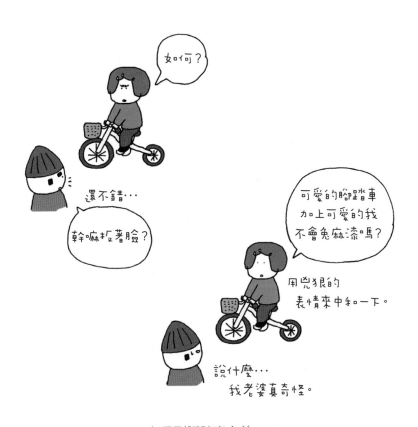

如何？

還不錯···

幹嘛扠著臉？

可愛的腳踏車
加上可愛的我
不會兔麻漆嗎？

用兇狠的
表情來中和一下。

說什麼···
我老婆真奇怪。

在得到腳踏車之前，
我一直覺得我很會騎腳踏車。

啊

騎著腳踏車
去買麵包真
浪漫～

轟隆

把藤籃拆了。

♪
麵包 麵包
花生奶油
麵包包

怕跌倒沒辦法改變方向。

在撞到之前自己先跌倒。

原來只懂一點皮毛。

因為差點出車禍而驚魂未定。

當天晚上就買了好幾樣腳踏車的安全配備。

還得要聽有關腳踏車的說明。

稍微熟悉了之後，
騎腳踏車就變得很愉快。

雖然現在看到車子，還是會在50公尺前就停下來。

其實汽車的駕駛人也覺得
腳踏車騎士很可怕。

因為有了腳踏車，生活半徑也變大了一些。

叮咚 叮咚

啤酒

也去了之前覺得很遠的兔子君家。

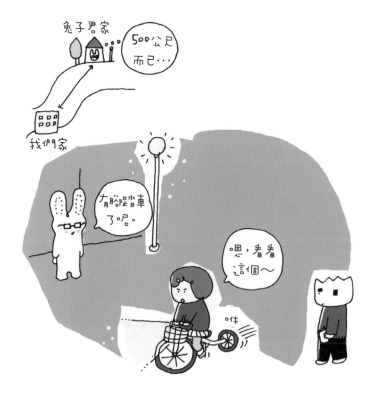

搭車的話太近，走路的話太遠，
曖昧的距離就騎腳踏車去。

因為是單人腳踏車，另一個人得用跑的。

還是能騎。

✧ 完 ✧

韓先有三個願望。

一叫就二話不說跑來的老婆。

二是認真傾聽的老婆。

還有
一個是～

下班後回到家，
一打開門就看到豐盛
的晚餐呈現在眼前～

還有熱湯咕嚕咕嚕翻滾著！！

← 煮飯速度緩慢又
抓不到時間。

等了三個小時
才吃到飯 →

伊牙

稍微發揮
了一下
手藝～

哈哈哈哈哈哈

哈哈哈哈哈哈

答應幫他實現〔門一打開就有豐盛晚餐〕的這個願望。

You Idiot!!

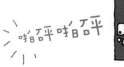

已經這時間了!

嗶!嗶!嗶!嗶!

怎麼辦 怎麼辦!!

砰

豐盛的
晚餐呢?!!
咕嚕咕嚕
呢!!!

我正在
收拾垃圾。

一個
一個

不要無視我!
不要無視我!

啪啪　　啪啪

現在開始煮的話十二點才吃得到!

．．．．．

☆ 完 ☆

為什麼哭啊?
夢到悲傷的夢嗎?

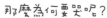

不是的。
我做了個
甜美的夢。

那麼為何要哭呢？

因為是一場 無法實現的美夢。

嗚嗚

嗚嗚嗚嗚

你幹嘛醒來

三年前結婚後的第一個節日是這樣的。

〈節日連休，兩家的風景〉

冷靜和熱情之間。

去年中秋節時，
公公要我教他怎麼使用手機傳簡訊。

但實際試了之後，覺得很難而打算放棄。

瞭解了之後才知道，並不是使用方法太困難，
而是因為手機上面的字太小看不清楚，
因此感到壓力的樣子。

於是利用我的職業技能畫了張超大張的手機字母鍵盤表，
交給公公後，他馬上就會用了。

第二天娘家

所以啊，公公甚至還會發
表情文字了呢。
叫大家不要瞧不起他～

嘎嘎！

↑
媽媽

平常對簡訊毫不在乎的56歲爸爸，
聽到了這個消息忽然生起了強烈的勝負慾。

我比親家公
年輕又聰明，
也教我使用
簡訊吧。

嫉妒產生的力量

嚇

所以我也教了爸爸使用手機簡訊的方法。

就這樣，爸爸的新時代開始了。

嗶嗶
嗶嗶

偷瞄

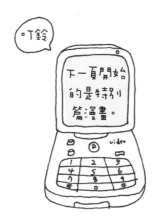

叮鈴

下一頁開始的是特別篇漫畫。

正好結婚
滿三年之

Nanda的 生活重點

〈One Point家事安可講座〉

上次的「One Point家事」受到大家熱烈的支持，因此準備了安可講座。

誰啊

瓦斯爐One Point

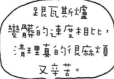

跟瓦斯爐變髒的速度相比，清理真的很麻煩又辛苦。

這是從別的漫畫中學到的

平常只要泡茶或是泡咖啡有剩下的熱水，就倒一點在骯髒的地方

接著用廚房紙巾擦拭，就能維持原先乾淨的狀態了。

 完

新年的第一周也因為調整睡眠失敗而空虛地度過。
正在怪罪媽媽的時候──

打算採取特殊手段而決定在早晨游泳。

欸嘿咿～

游泳？
妳嗎？
別去吧。

透過游泳這一件事情，
我要一次完成新年的兩
大目標──變得性感和
改變睡眠習慣！

馬上就會
放棄吧？

評評

算了啦！別去
別去，光是游泳課
的費用就要花上
數萬元了吧？

因為是各區
運動中心，所以
一個月只要3千元
左右…

評評   評評

那就趕快去
登記吧。

我是超酷的老公

這是重要的魔王戰爭，
要不要我幫妳開路？

〈購買游泳用品〉

泳鏡有分
透明的鏡片與
不透明的反光鏡片
兩種。

哪個比較
好呢?

反光鏡片
怎麼那麼貴...

如果想要在
不被發現的狀況下
偷看教練的好身材,
當然是反光鏡片
比較好囉。

是嗎?

哈哈...

表面會反光,
看不見裡面的眼睛

請給我反光鏡片。

好的，客人。

完

因為反光鏡片的設計比較漂亮⋯

哎喲，真的是因為設計比較好才買的⋯

是真的。

※ 作者註

跟「第1話 禁止宣言」一起看的話應該會更有趣吧。

雖然沒能遵守約定。

Nanda 4歲的時候就懂得賣萌討喜了。

哎呀

跌倒

啊嗚嗚

Nanda 4歲

沒事嗎?
痛不痛?

不痛喔。

真乖～

冰棒

阿姨買冰棒
給妳好嗎?

大人什麼的…
真容易掌握

閉嘴！！

只要能讓妳消氣
不管怎麼打···

喔喔···

老公，
吃飯囉～

今天在公司
王大哥哥···

要不要用那種
不懂得意思就模仿
電視畫面的天真小孩
來賣萌討喜呢？

Nanda 5歲的時候就知道錢的滋味。

Nanda 5歲

拿去買餅乾
吃吧～

不行啦
這種習慣不好～

新村莊金庫

再見～

...

嗯哼
我這麼辛苦賣萌表演才不
是為了這麼點小錢呢‥

...

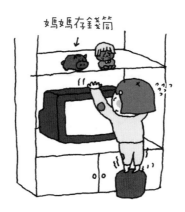

然後也瞭解到大人對小孩容易產生的誤會。

Nanda 9歲的時候就懂得虛張聲勢。

幾天後

託姐姐的福，兔子君6歲的時候就知道了生與死。

怕生也有好幾種類型。

① 發自內心怕生的類型。

上次真的很謝謝妳。

啊,不用客氣…

← 無法直視對方

② 自認為怕生的類型。

我真的很怕生呢。

怕生宣言

認真

是喔。

尊重他的宣言。
↓

③ 好像不怕生但其實很怕生的類型。

某次在地鐵站，補習班的人和我打招呼。

那個人下車之後，
我還繼續暈頭轉向了
好長一段時間……

因為了解自己這種性格，
就盡量不隨便跟陌生人說話，但是——

為公家做事的青年忽然開始抱怨。

不得不接著他的話說下去。

嚇我一跳

這算
什麼?!

......

完

我上網上到一半拿起尺的話，

韓先會生氣。

如果韓先連續叫兩次我的名字，

韓先會生氣。

韓先説他想要收到的三十歲生日禮物是棒球手套。

棒球手套的價錢本來就是這樣！妳根本就不了解！！

啊，是嗎？那我上G market找到便宜的，就買便宜的囉？

禮物要在後天前準備好嗎？媽媽會幫你準備好的，等著吧。

媽，那樣的東西會害我被同學嘲笑。

最近一百元也可以買到挺高級的東西呢。

去哪？

對鬧彆扭的人無計可施。

知道了。
會買給你的，
別生氣了。

相對的，你
要每天都用它
來運動喔？

羽戟
羽戟

我也會買一個
適合的給妳，一起來
玩投接球吧。

還得要陪你
一起玩？

知道了，
知道了！！

完

好久好久以前,
媽媽常常會跟我炫耀以下這些東西。

那時候看到媽媽對這些小事也那麼開心，感到很神奇，
但是現在……

就是這樣，這是革命。

只是看起來有點貧窮⋯⋯

快點畫!

廢柴人妻截稿日記

終於結束所有內容,開始畫後記了。從決定要出書到現在有10個月了。

趕快結束,要去解開搬家的行李,還要解開彆扭的韓先,有很多要解開的東西。

雖然本來有些初出書的感想,但經歷了長時間的作業,都漸漸揮發不見了。

讓大家等了那麼久,只能跟各位說聲抱歉…

因為我的關係而領悟了寬容之道並成仙的編輯大人,我要向您表達歉意與感謝。

哈哈哈哈

下班吧,筋斗雲!

← 編輯大人。

嗚哇～編輯大人已經搭上了筋斗雲呢～

工作過程

沒有其他什麼好說的，就將常常有人用Mail詢問的工作過程，詳細地告訴大家吧。

1. 跟平常一樣，沒特別思考隨便聊天。

2. 假如有可用的素材發生，就馬上簡單地記錄下來。

嘰哩　呱啦

喔耶

3. 截稿3天前開始感到煎熬。雖然身體在玩，但腦袋跟心思都很忙碌。

4. 截稿前日，為了要熬夜而先睡個「打底覺」。

好累⋯

閉嘴

我去睡囉，兩個小時之後叫醒我。

悲壯

好

5. 不甘不願地起床後，開始熬夜畫圖工作

我去睡囉！

嗯！

結束！

第2本再見囉。

廢柴人妻新婚萬歲

作　　者—Nanda
譯　　者—馮筱芹
責任編輯—林巧涵
執行企劃—張燕宜
美術設計—林庭欣

董 事 長
發 行 人 ├孫思照
總 經 理—趙政岷
副總編輯—丘美珍
出 版 者—時報文化出版企業股份有限公司
　　　　　10803台北市和平西路三段240號三樓
　　　　　發行專線—（02）2306-6842
　　　　　讀者服務專線—0800-231-705、（02）2304-7103
　　　　　讀者服務傳真—（02）2304-6858
　　　　　郵撥—1934-4724時報文化出版公司
　　　　　信箱—台北郵政79～99信箱
時報悅讀網—www.readingtimes.com.tw
電子郵件信箱—ctliving@readingtimes.com.tw
第一編輯部臉書—http://www.facebook.com/readingtimes.fans
流行生活線臉書—https://www.facebook.com/ctgraphics
法律顧問—理律法律事務所　陳長文律師、李念祖律師
印　　刷—詠豐印刷有限公司
初版一刷—2014年2月21日
定　　價—新台幣300元

平凡的日子：廢柴人妻新婚萬歲/Nanda 著；
馮筱芹譯.一初版.臺北市：時報文化, 2014.2
ISBN 978-957-13-5895-6(平裝)

1. 婚姻 2. 通俗作品

544.3　　　　　　　　　　103000493

行政院新聞局局版北市業字第八〇號
版權所有 翻印必究（缺頁或破損的書，請寄回更換）